L'Abbé Louis BLAZY

L'ÉGLISE ET LA PAROISSE

SAINT-SERNIN DE DAUMAZAN

NOTES HISTORIQUES

écrites pour mes paroissiens

à l'occasion de la Mission de 1911

FOIX
IMPRIMERIE-LIBRAIRIE GADRAT AINÉ
Rue de La Bistour
—
1911

L'Abbé Louis BLAZY

L'ÉGLISE ET LA PAROISSE

SAINT-SERNIN DE DAUMAZAN

NOTES HISTORIQUES

écrites pour mes paroissiens

à l'occasion de la Mission de 1911

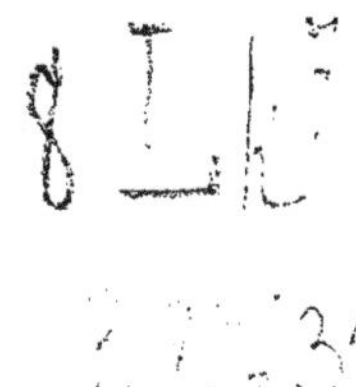

FOIX

IMPRIMERIE-LIBRAIRIE GADRAT AÎNÉ

Rue de La Bistour

—

1911

A MES CHERS PAROISSIENS,

Chacun de vous, je l'espère, voudra bien accepter la dédicace des notes qui vont suivre où je résume l'essentiel de la monographie de l'Église et de la Paroisse de Daumazan.

Dès mon arrivée parmi vous, l'histoire de votre belle Église, dont certaines parties ont déjà excité l'attention des archéologues, tenta ma curiosité. La Mission de 1911 m'a paru une occasion toute naturelle de vous soumettre le résultat de mes premières recherches.

L'Église est le seul édifice que nous ait légué le passé ; elle doit donc nous être chère comme l'est une relique pour le chrétien. Témoin des siècles de foi du Moyen-Age et des douloureuses époques de la Réforme et de la Révolution, elle semble nous dire : « Je représente l'indéfectibilité et la pérennité de la religion dont je suis le symbole ; j'ai résisté au temps qui passe pour user toute chose — tempus edax rerum *; soyez vous-mêmes fermes dans la foi,* estote fortes in fide *».*

Ce retour vers des âges disparus ménage un instant de jouissance intellectuelle, c'est une première récompense. Il suggère aussi des leçons à qui sait regarder et réfléchir.

Regardez et réfléchissez. Aussi bien est-ce là le but d'une

1

Mission. Même en ce siècle de vapeur, d'électricité et de réformes plus ou moins « sociales », le problème de la destinée future, d'une autre vie de bonheur ou de malheur éternel doit se poser à nos esprits inquiets. Notre cœur restera toujours vide, découragé, sans idéal, si nous ne répondons pas. Ecce nunc tempus acceptabile, *voici des temps favorables à la réflexion ;* ecce nunc dies salutis, *voici des jours de salut qui vous apporteront, si vous le voulez, la joie surnaturelle qui surpasse toutes les autres. Ne laissez pas passer ces jours de grâces, ces temps de miséricorde qui ne reviendront peut-être jamais ; profitez largement de la quinzaine bénie. C'est le vœu sincère du pasteur.....*

Daumazan, 19 mars 1911.

PREMIÈRE PARTIE

L'Église

L'église de Daumazan est l'une des plus remarquables du département de l'Ariège, région particulièrement pauvre en monuments religieux de quelque valeur.

Description du chevet (1)

Si le clocher, mieux placé au fond de la place ombragée qui précède l'église, attire davantage l'attention par ses formes élancées et sa tourelle d'escalier saillante, le chevet est cependant la partie la plus intéressante de l'édifice. C'est aussi la plus ancienne.

Primitivement, en effet, l'église comprenait une nef terminée par une abside et flanquée de deux bas-côtés avec absidioles. A la fin du xve siècle, les nefs furent démolies pour faire place au large vaisseau et au transept actuels auxquels des restaurations successives ont fait perdre tout caractère.

L'intérieur des absides n'offre plus guère d'intérêt. Des placages de style classique, qui ne sont pas sans ampleur, ont tout à fait dénaturé le style primitif. Les colonnettes des fenêtres, qui rappelaient celles de l'extérieur, ont en même temps disparu.

Entre l'ouverture de l'abside et l'entrée des absidioles, subsistent encore les bases et une partie des colonnes engagées, dont les chapiteaux recevaient la retombée de la première arcade mettant en communication la nef et les bas-côtés.

Les bases présentent cette particularité d'être munies, aux angles, de griffes en forme de pied chaussé d'une pantoufle,

(1) Il a été classé parmi les monuments historiques par arrêté du 20 avril 1907.

ornement qu'on retrouve dans d'autres églises ariégeoises, à Saint-Lizier et à Ourjout (1). Les chapiteaux qui surmontaient les colonnes sont probablement ceux qui furent découverts, en 1890, dans l'ancien cimetière qui entourait l'église (2).

A l'extérieur, le chœur et l'abside se dégagent, entre les deux

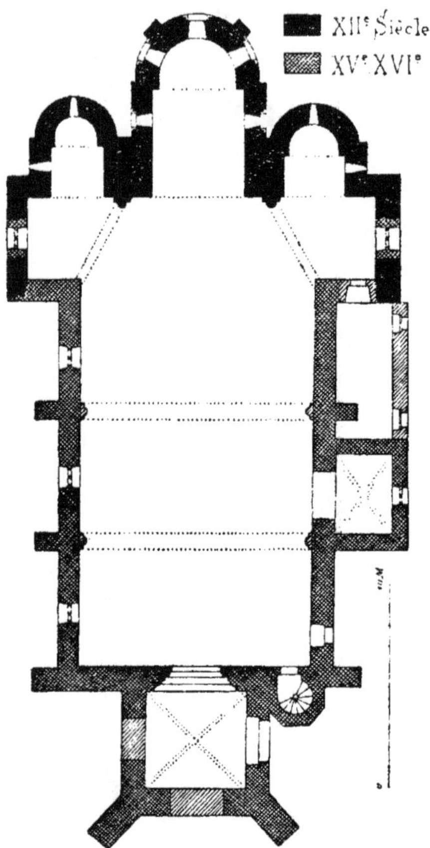

Plan de l'église de Daumazan.

(1) **Saint-Lizier,** arrondissement de Saint-Girons ; Ourjout, canton de Castillon. — A Saint-Sernin de Toulouse, un pied nu, décorant la base d'un pilier du transept nord, est un objet de superstition. (Voir, Robert Roger : *Les Eglises romanes du pays de Foix et du Couserans,* 1ᵉʳ fascicule, p. 62. Foix, Gadrat, 1908).

(2) Nous les avons placés *in rei memoriam* sous le narthex du clocher.
L'année dernière, en restaurant le socle de la croix du Bastion, le maçon mit à jour une griffe en forme d'animal. Nous l'avons également recueillie et placée sous le porche.

absidioles absolument nues, percées seulement en leur milieu et dans la travée qui les précède d'une étroite fenêtre dont le cintre est évidé dans un linteau.

L'abside est appuyée par deux contreforts, terminés en colonnes engagées, dont les chapiteaux terminaux ont disparu avec la corniche. Elle est ajourée par trois larges fenêtres, aux archivoltes unies retombant sur des colonnettes à chapiteaux couverts de feuillages lisses ou avec boutons, d'entrelacs, d'animaux, etc. Deux baies semblables éclairent le chœur. L'archivolte est enveloppée d'un large chanfrein avec plusieurs rangs de billettes, et le tailloir des chapiteaux, orné de même, se continue en bandeau autour de l'abside en contournant même les colonnes des contreforts.

Par sa disposition et son ornementation, ce chevet rappelle ceux d'Unac et de Saint-Jean-de-Verges et surtout celui de Sainte-Suzanne, près de Saint-Ybars (1).

Un des chapiteaux de la fenêtre nord du chœur de Daumazan est orné de deux quadrupèdes, dont la tête est commune et soutient la volute s'enroulant sous l'angle du tailloir. Le même chapiteau se retrouve à la fenêtre centrale de l'abside d'Unac (2) et à la fenêtre sud-est de celle de Saint-Jean-de-Verges. D'autre part à Unac, le chapiteau qui fait face au précédent et qui porte un oiseau aux ailes éployées a été aussi employé à la maitresse fenêtre absidale de Sainte-Suzanne. Ces constatations ont leur importance et permettent de supposer que le même sculpteur travailla dans les quatre édifices. L'abside de Saint-Jean-de-Verges parait toutefois un peu antérieure aux autres.

Inscription commémorative
de la consécration de l'Eglise (3)

Sur le montant gauche de la petite porte qui donne accès, au sud, dans l'église a été encastrée une inscription provenant de la première église. Elle est gravée sur une pierre quadrangulaire mesurant soixante centimètres de longueur sur trente trois centimètres et demi de largeur. M. Robert Roger, inspecteur de la Société française d'Archéologie, l'a relevée en 1907 (4) :

(1) Unac, canton des Cabannes ; Saint-Jean-de-Verges, canton de Foix ; Saint-Ybars, canton du Fossat.

(2) Robert Roger et Albert Gardes : *Notice sur l'église et la paroisse d'Unac et sur leur annexe Luzenac.* Foix, Gadrat. 1897, p. 13.

(3) Elle a été classée par arrêté du 19 novembre 1908.

(4) Robert Roger : *Inscriptions de l'église de Daumazan.* Foix, Gadrat, 1907, p. 2 et 3.

A.B.C.D.E.F.G.H.I.J.K.L.M.N.O.P.Q.R.S.T.V.X.Z.
VIRGINIS A PARTV QVI SPI CLARV
IT ORTV ANNO MILLENO CENTENO QVO
MINVS VNO QVINDECIES IVLIO IAM FEBE LV
MINE TRACTO IHRLM FRACI CAPIVNT VIR
TVTE POTENTI ANNO M.C. ANNO AB
INCARNACIONE DOMINI M.C.L & VI (1)

C'est-à-dire :

A.B.C.D.....

Virginis a partu, qui superi claruit ortu,
Anno milleno centeno quominus uno ;
Quindecies julio jam febe lumine tracto ;
Jherusalem franci capiunt virtute potenti anno M.C.
Anno ab incarnacione Domini M.C.L & VI.

Ce qui peut se traduire ainsi :

De l'enfantement de la Vierge, illustré par la paternité du Très-Haut, l'an mil et cent moins un ; Phébé ayant déjà lui sur quinze nuits de juillet, les Français s'emparent de Jérusalem par leur valeur puissante. L'an 1100 (2). L'an de l'incarnation du Seigneur 1156.

Il y a deux choses à distinguer dans cette inscription.

L'alphabet qui la précède et la date 1156 qui la suit se rapportent à la consécration de l'église. Dans la cérémonie de consécration, l'évêque trace ou oint un alphabet, et c'est pour cela que l'alphabet est gravé sur certains monuments, où il doit avoir reçu l'onction comme les croix de consécration. Un alphabet est ainsi sculpté à la maîtresse fenêtre de l'abside de l'église romane de Chauvigny (Vienne).

Quant au corps même de l'inscription, ce sont des vers destinés à perpétuer le souvenir de la prise de Jérusalem par les Croisés, événement si capital aux yeux des contemporains qu'au bout de cinquante-sept ans, ils éprouvaient encore le besoin de le rappeler par ce monument.

---

(1) La hauteur des lettres de l'alphabet est de quarante millimètres ; celle des autres lettres de trente millimètres.

(2) Avec le retranchement d'un an indiqué dans le cours de l'inscription, nous arrivons, en effet, a la date exacte de la prise de Jérusalem par les Croisés : *15 juillet 1099.*

L'église de Daumazan aurait donc été consacrée en 1156 et la belle abside, de style toulousain très pur, permet d'admettre cette date.

Cette inscription est d'une importance considérable pour la

Inscription romane.

chronologie des églises romanes du pays de Foix, que nous citions plus haut ; elles ont dû être construites à une date voisine de 1150.

Bas-relief

A cette même époque on peut attribuer un petit bas-relief
assez fruste, placé à l'extérieur près de l'absidiole sud, repré-
sentant le martyre de saint Sernin traîné par un bœuf. L'œuvre
est naïve et témoigne d'un ciseau peu expérimenté.

Nef et chapelle

Nous avons déjà dit que la nef fut agrandie à la fin du xvᵉ
siècle.

Dans les murs de fond des croisillons du transept, qui formaient tout d'abord les parois extérieures des bas-côtés, on
perça une ouverture en arc brisé avec remplage flamboyant.

En même temps, on édifiait la chapelle qui s'ouvre, par une
grande arcade moulurée, au sud de la nef (1). Elle est voûtée sur
croisée d'ogives. La clef, entourée de moulures redentées et
épanouies en crochets, porte un écusson armorié qu'il est difficile de déchiffrer, à cause du peu de lumière donnée par une
fenêtre analogue à celles du transept et surtout de l'empâtement
de nombreux badigeons. Les branches d'ogives retombent sur
des culots d'angles décorés par les symboles des évangélistes :
le bœuf, l'aigle, le lion, l'ange tenant un phylactère.

Clocher. Inscription. Cloches

Devant la façade ouest s'élève le clocher (2). Sa base carrée,
formant porche, était ajourée sur trois côtés. La porte qui donne
entrée dans la nef, en arc brisé, s'enveloppe de moulures pris-
matiques qui descendent le long des piédroits.

Deux gros contreforts appuient cette base et montent jusqu'au
milieu du deuxième étage. Cet étage, comme celui au-dessous
et les deux qui le surmontent — le dernier inachevé — sont
bâtis sur plan octogone. Les deux étages supérieurs seuls, sont
ajourés sur chaque face. Les remplages des fenêtres ont disparu,
par suite de la mauvaise qualité de la pierre employée, mais
on peut s'en faire une idée par ceux qui sont appliqués contre
les fenêtres simulées du second étage.

Une épaisse moulure, garnie de crochets et terminée à la
pointe par un fleuron, entoure l'arc des fenêtres et repose sur

---

(1) Elle sert aujourd'hui de baptistère.
(2) Il a été classé en même temps que l'abside par arrêté du 20 avril 1907.

des culs-de-lampe décorés d'animaux fantastiques aux poses contournées.

On accède aux étages, par une petite tourelle placée dans l'angle formé par le clocher et la nef, et renfermant un escalier

Le clocher.

en vis. La porte de la tourelle s'ouvre dans l'intérieur de la nef, près de l'entrée sud.

Comme le clocher, la tourelle est inachevée et couronnée par une pyramide d'ardoise surmontée par la cloche qui sert de timbre à l'horloge.

Sur la face du clocher, entre les deux contreforts, on distingue les traces d'un petit bas-relief à personnages que l'on a fait disparaître en les martelant.

Une inscription, gravée en minuscule gothique anguleuse, sur deux pierres (1) posées à angle droit à l'intérieur du porche, nous apprend que le clocher fut commencé dans la dernière année du xv° siècle. Elle avait été incomplètement publiée par Cénac-Moncaut dans son *Histoire des provinces pyrénéennes* (2). La voici telle que l'a définitivement relevée M. Robert Roger (3).

<table>
<tr><td>

l'an mil. V̊. de X̄r̄i

———

foc f̄odat lo prēt cloqui

———

e e foc f̄odat......

</td><td>

marraut pise

de la primera

peyro

</td></tr>
<tr><td>

L'an mil cinq cent de Xristi
foc fondat lo present cloquie
et foc fondat..... (4)

</td><td>

marraut pise (5)
de la primera
peyro (6).

</td></tr>
</table>

La traduction n'offre aucune espèce de difficulté : *L'an mil cinq cent du Christ fut fondé le présent clocher et fut fondé par Marraut le piseur de la première pierre.*

Cette inscription présente la particularité d'avoir ses lettres et filets incrustés de plomb, ce qui les rend beaucoup plus apparents et permet de les lire plus aisément à quelque distance (7).

(1) **La** première mesure trente-cinq centimètres de hauteur sur soixante-quatorze de largeur ; la seconde trente centimètres de hauteur sur qurante-six de largeur.

(2) **T. III,** p. 501.

(3) *Inscriptions....* op. cit , p. 3. — La hauteur des lettres de la première pierre varie de 80 à 95 millimètres et elle n'est que de 50 millimètres sur la seconde.

(4) Après *f̄odat*, il y a plusieurs lettres illisibles, probablement *per.*

(5) Ou *piso*, le jambage du *p* est barré à sa partie inférieure.

(6) **Un** nouvel examen de l'inscription, a permis à M Roger de lire *peyro* et non *peqna,* comme il l'avait tout d'abord lu sous la suggestion de Cénac-Moncaut. Dès lors il n'est plus nécessaire de faire état des deux hypothèses qu'il avait émises pour la traduction. Voir *Inscriptions.. ,* op. cit., p. 3 et 4.

(7) **On** nous racontait naguère que la détérioration de l'inscription était le fait de certains enfants qui trouvaient, paraît-il, tout naturel de confectionner avec ce plomb des boules pour leurs jeux. L'effort qu'ils étaient obligés de faire pour le détacher produisait ces brèches regrettables qui arrêtent toujours le plus habile épigraphiste.

— 13 —

Le procès-verbal de visite de l'église en 1724 (1) mentionnait à Daumazan « quatre cloches et une petite pour appeler aux messes basses ». Sous la Terreur, deux furent retirées du clocher et envoyées au parc d'artillerie de Toulouse pour être converties en canons (2). Il n'en reste plus que deux anciennes (3) Voici les inscriptions de la première (4) :

1re ligne : † IHS . MA . OPE . CIVITATIS . DALMASAN.E . LAVDATE.DOMINVM.IN SONO.TVB.E. 1629 (5).

2e ligne : P. BASTONIER . V. BARON . A . ARESSI.SCIN-DICTZ . M . F . DE . LVCANDO . ⚜ . ⚜ CONSVLS . M . A . DASPET . NOTAIRE . ROIAL . (6).

3e ligne : Sous IHS, DOCTEVR B. DVROS, et dans un cartouche, sous un dais, la Vierge tenant l'Enfant Jésus, puis en minuscule gothique *te Deum laudamus;* encore un cartouche ovale contenant un personnage à cheval (probablement saint Martin) suivi d'un autre à pied et des armoiries.

Sous LAVDATE, on remarque un sceau rond que nous n'avons pu déchiffrer ; sous DOMINVM, un saint tenant une palme, puis une croix pattée, un cartouche avec le Christ en croix suivi des mots NOMEN. NOVEM, autre cartouche avec le Christ de pitié. Au dessous de NOMEN. NOVEM se trouve une petite ligne de fleurs de lis.

Sur la patte est une bordure d'entrelacs de lignes droites semblable à celle de la croix de Camon de 1622. Sur le devant est une grande croix pattée formée par des fleurs de lis, des trèfles et des entrelacs. Les séparations des mots consistent en petites rosaces.

---

(1) J. Decap : *Le diocèse de Rieux avant la Révolution. Paroisses du comté de Foix d'après les visites pastorales de 1620 à 1725.* Foix, *J. Francal,* 1898, p. 16.

(2) On alloue 47 livres 19 sols aux quatre charpentiers qui les avaient descendues. Délibération du 25 thermidor an II (12 août 1794). *(Arch. mun. de Daumazan).*

(3) En dehors de ces deux cloches, le clocher en abrite aujourd'hui trois autres : celle de 1822 donnée par le marquis et la marquise de Sers et les deux de 1877 données par Maurice Heuillet. La sixième qui surmonte la tourelle d'escalier et qu'on ne saurait approcher sans danger est, paraît-il, ancienne ; elle viendrait du château de Fornex.

(4) Hauteur 1 m. 12 ; diamètre 1 m. 01.

(5) Qu'on peut traduire par : *Jésus. Maria. Grâce à la cité Daumazanaise, que le Seigneur soit loué au son de cette cloche.*

(6) La première ligne en lettres de 32 millimètres, la seconde en lettres de 20 millimètres seulement.

La seconde cloche porte :

✠ IE.SVIS.A.DAVMAZAN.1683.

Sous IE est dessinée une croix, sur un calvaire de deux degrés, formée par des fragments de fleurs de lis et d'étoiles. Au-dessus de la croix on lit le nom du fondeur : I.IOLY.F. (1).

Cimetière

C'était un privilége pour certaines familles notables d'être ensevelies dans l'église. Pendant le cours des XVIe, XVIIe, XVIIIe et même d'une partie du XIXe siècle cette coutume se maintint à Daumazan comme dans la plupart des paroisses de l'ancien régime. Il reste encore sous le porche quelques inscriptions tumulaires présentant à la vérité peu d'intérêt, mais que nous relevons ici pour les sauver de l'oubli.

CI GIT PAUL FRANÇOIS H-ONORE SUZ-ANE MARQUI-S DE SERS D-ECEDE LE 9 IANVIER 1824 PAUL ANDRE DE SERS CHEVALIER	IULIE HORTENCE DENISE IOUCLA DE PARAZA MARQUISE DE SERS DECEDEE A DAUMAZAN 12 DECEMBRE 1849 P. P. E. 	ICI REPOSE LE CORPS DE HOMBELINE DE SERS MADAME DE LAPASSE DECEDEE AU CARLA LE 8 IANVIER 1851 A L'AGE DE 18 ANS 11 MOIS ET 17 JOURS PRIEZ POUR ELLE (2)

DE St LOUIS ANCIEN CAPITAINE DU REG^t DE BRIE DECEDE LE 22 MARS 1847

(1) Lettres de vingt millimètres. — Hauteur de la cloche 0 m. 33 ; diamètre 0 m. 26.

(2) Les trois premières dalles ont 2 m. 07 1/2 de hauteur sur 0 m. 88 1/2 de largeur ; la quatrième 0 m. 53 de hauteur sur 0 m. 98 de largeur. La hauteur des lettres est de 6 centimètres dans la première dalle, de 4 dans les deux suivantes et de 3 dans la dernière.

Paul-Nicolas-Melchior de Sers, chanoine titulaire de Toulouse, décédé au château des Cazalères, le 8 janvier 1821 fut également inhumé, le 10, sous le narthex, à côté de M. Souquet, curé. Une plaque en marbre noir incrustée dans le mur et portant : *Sépulture ecclésiastique* indique l'endroit où reposent les deux prêtres.

Le reste de la population était inhumé dans le cimetière qui entourait l'église. On sait que nos pères aimaient à demeurer sous les yeux et près de leurs proches, surtout à reposer, après leur mort, aux côtés du « Ressuscité qui ne meurt plus ». Il n'y a pas longtemps que ce cimetière fut transféré à « Gaou » ; il fut béni à l'occasion de l'avant-dernière mission, le 26 décembre 1890.

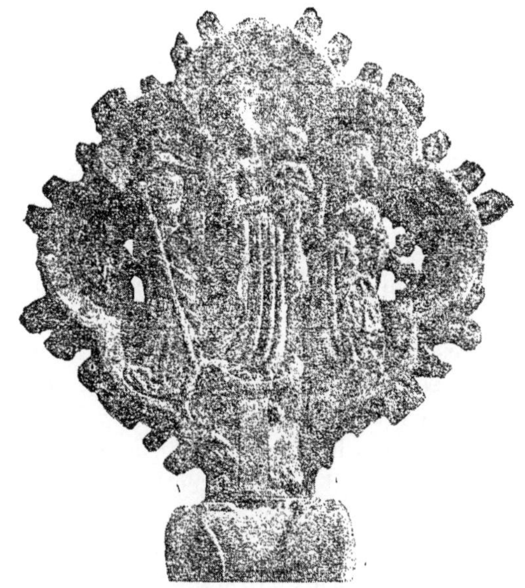

Croix de chemin.

Croix de chemin (1)

A l'angle du jardin du presbytère se trouve la partie supérieure d'une très belle croix de chemin replacée sur un fût et une base modernes.

Un peu moins ancienne que la croix de Belpech-en-Garnagois décrite et figurée par Viollet-le-Duc (2) et M. Jules de Lahondès (3), le thème en est identique : une rosace quadrilobée avec remplage ajouré, mais dont les extrémités sont ici arrondies au lieu d'être en arc brisé. Des crochets garnissent le pourtour, et les gros fleurons des lobes ont été brisés ; dans la

(1) Elle a été classée p r arrêté du 6 juillet 1907.

(2) *Dictionnaire d'architecture*, t. IV, p. 139.

(3) *Maisons anciennes dans l'Ariège et dans l'Aude*, p. 28. (Extrait du *Bulletin monumental*, année 1893).

gorge de la moulure d'encadrement s'épanouissent de petites roses.

Comme à Belpech, comme à Saint-Lizier aussi, sur une croix de chemin conservée dans les galeries du cloitre, sur la face est représentée plus ou moins complètement l'iconographie de la Crucifixion, c'est-à-dire la Vierge et saint Jean au pied de la Croix. Au revers, la Vierge couronnée, debout sur une sorte de nacelle, entre saint Jacques pélerin et sainte Catherine, tient l'Enfant Jésus.

La Croix de Daumazan est sans contredit la plus intéressante de l'Ariège ; c'est aussi la plus savamment composée. La sculpture est traitée par un ciseau énergique et sûr. Le maniérisme des figurines, leurs proportions écrasées, qu'on retrouve souvent dans la région toulousaine et jusque sur les pièces d'orfèvrerie, les détails de l'ornementation indiquent le XVI° siècle commençant quoique, à ne juger que par la forme générale, on serait plutôt tenté de la faire remonter au XIV° siècle. Il est probable que l'on dut profiter, pour la faire exécuter, de la présence des artistes qui décoraient d'animaux fantastisques les culots des fenêtres du clocher et y taillaient le bas-relief à personnages maintenant mutilés.

Je me suis servi, dans la rédaction de cette première partie, du travail déjà signalé de mon excellent et distingué ami, M. Robert Roger. Il a voulu encore me faire profiter de nouveaux renseignements qui complètent ou rectifient ceux qu'il avait publiés. Je le prie de trouver ici l'expression cordiale de mes bien vifs remerciements.

DEUXIÈME PARTIE

La Paroisse

Le pays de « Daumazan » était entré dans le comté de Foix dès sa formation, après le partage que Roger, comte de Carcassonne, fit de ses domaines entre ses trois fils, l'an 1002. Il entra dans le domaine de Bernard, son second fils, qui eut le pays et le château de Foix avec toute la viguerie du Sabartès. En 1249, Roger IV, comte de Foix, sans cesse en lutte avec ses puissants voisins et désireux de s'attirer la fidélité des populations, octroya aux Daumazanais une charte de coutumes que l'on conserve très précieusement dans les archives municipales (1).

L'ordre des successions ou des apanages de la maison de Foix occasionna une division de la puissance seigneuriale originaire. Vers 1400, la moitié de la seigneurie directe de Daumazan passa à la famille Isalquière, à laquelle succédèrent les Dardagnac, les Viviers, les de Roquefort, les Mallac, les de Miramont et les de Sers, qui furent les derniers co-seigneurs. L'autre moitié de la seigneurie passa de la maison de Foix à la maison de France lors de la réunion du Comté à la couronne.

Ancienneté de la paroisse

L'existence de la paroisse n'est certaine qu'à partir de 1156, date, nous l'avons déjà dit, de la consécration de la primitive église. Elle était antérieure de près d'un siècle à la concession de la charte de coutumes. Selon toutes les probabilités, elle dût être fondée dans les premières années du XIIᵉ siècle. Il est évi-

(1) Écrit sur parchemin en langue romane, le texte a été malheureusement altéré en plusieurs endroits par d'inhabiles « déchiffreurs » qui, dans le but de faire mieux ressortir certains passages, formèrent par l'emploi d'un réactif quelconque de regrettables pâtés. Il est à peu près certain qu'on ne pourra jamais le rétablir dans son intégrité.

dent. en tout cas, que peu d'églises et de paroisses de la vallée de l'Arize ont le droit de revendiquer une antiquité aussi reculée.

Le patron de la paroisse fut, dès l'origine, saint Sernin, l'apôtre martyr toulousain, si populaire dans notre Midi.

Il est difficile de dire comment, dans les premiers temps et sous la direction spirituelle des évêques de Toulouse, fut organisé chez nous le culte catholique. De cette lointaine époque aucun document circonstancié n'a survécu. Il semble ressortir de ceux que l'on connait à cette heure que, dès sa création même. la paroisse de Daumazan était un prieuré simple dépendant de l'abbaye bénédictine d'Alet et qu'elle était desservie originairement par un seul recteur ou curé. Un parchemin, daté des nones de mai 1293, que l'on conservait encore en 1721 (1), portait qu'*Armand Do* était prieur et *Vital de Valle* recteur. Nous savons, d'autre part, que lors de l'érection de l'évêché de Rieux. le pape Jean XXII retira, le 22 février 1318, à l'abbé et au monastère d'Alet le prieuré de Daumazan pour le rattacher à la mense capitulaire du nouveau siége (2). L'abbaye reçut comme compensation d'autres revenus détachés de la mense de Toulouse. L'union fut confirmée, le 11 juillet suivant, lorsque l'abbé. Barthélemy, devint premier évêque d'Alet (3). Désormais, et jusqu'à la Révolution, la cure de Daumazan ressortit. au spirituel, à l'évêché de Rieux. L'évêque fut collateur de plein droit, c'est-à-dire qu'il nommait, au lieu et place du prieur, les titulaires chargés de la régir.

Fruits-prenants

L'évêque de Rieux et le curé étaient fruits-prenants. Voici, à ce sujet. quelques précisions. d'après le Pouillé de 1730 (1).

L'évêque percevait les trois quarts de la dime, soit, bon an mal an, 1648 livres.

Les revenus de la cure consistaient au quart de la dime de la paroisse et au demi-quart de celle du quartier de Mardagne. Ils rapportaient année commune :

(1) Visite de l'église de Daumazan par Alexandre-Johanne de Saumery, le 28 octobre 1721 (*Arch. de la Haute-Garonne*, fonds de Rieux, reg in-f° n° 108).

(2) L'Abbé J.-M. Vidal : *Documents sur les origines de la province ecclésiastique de Toulouse (1295-1318)*. Rome, Cuqgiani. 1901. p. 179.

(3) Mollat : *Jean XXII. Lettres Communes*, n° 7772.

(4) C. Barrière-Flavy : *Pouillé du diocèse de Rieux*. Foix, J. Francal, 1896. pp. 12 et 32.

31 setiers et demi de blé, à 7 livres ; — 9 de
carrou, à 4 liv. 10 sols ; — 17 et demi de gros
millet, à 4 liv. ; — 5 d'avoine, à 3 liv. ; —
Foin, légumes et lin pour 26 liv. 10 s. ; —
10 pipes de vin et un quart, à 26 liv......... 628 l. 15
Ses charges étaient : pour un vicaire, 150 liv. ; —
pour le prédicateur, 30 liv. ; — pour le carril-
lonneur, 10 liv. 15 s...................... 190 l. 15
Le revenu net du curé était ainsi de **438** livres (1).

Service de la paroisse

Dans les siècles passés, un seul prêtre ne suffisait pas à la
« desserte » de la paroisse. Nous ne saurions dire s'il en était
ainsi durant tout le Moyen Age, mais, dans les temps modernes du moins, un vicaire fut toujours associé au recteur. Cet
aide du curé, qui touchait à peine 150 livres de traitement
annuel, était véritablement à la « congrue ».

En 1624, lors de la visite faite par M. de Bertier, les consuls
se plaignirent à l'évêque de ce que le curé ne tenait qu'un
vicaire « quoyqu'enciennement on eust de costume d'y en
avoir quatre » (2). Il y a évidemment confusion : le chiffre des
communiants ne réclamait pas ce nombre d'ecclésiastiques et,
d'autre part, le revenu curial n'aurait pas été suffisant pour
rémunérer leurs services. On ne trouve mention de deux vicaires que sous le rectorat de M. Cochet. Mais leur présence
s'explique par les charges de vicaire-général et d'official du
diocèse que remplissait ce recteur ; pour les exercer utilement,
il avait dû confier le soin de la cure, où il ne faisait que de
rares apparitions, à deux collaborateurs expérimentés. S'il y
eut à Daumazan, en dehors d'eux, d'autres prêtres résidants, ce
ne pouvaient être que des « consorcistes ».

Consorce ou fraternité

En certaines paroisses un peu importantes, des prêtres non
titrés, en dehors du curé et des vicaires, étaient chargés de
veiller à la décence du culte, de chanter les offices et même de

---

(1) On sait qu'à cette époque l'argent avait environ trois fois plus de valeur
qu'aujourd'hui.

(2) Visite de l'église de Daumazan par Jean-Louis de Bertier, le 7 novembre
1624. (*Arch. de la Haute-Garonne*, fonds du diocèse de Rieux, reg. in f°,
n° 109).

remplir quelques fonctions curiales. On les appelait *consorcistes*, afin de montrer qu'ils avaient le même sort et partageaient les mêmes travaux. Les prêtres Daumazanais ne formaient pas une véritable « consoree », bien que ce terme soit employé dans certaines pièces qui les concernent. Ils formaient plutôt une « fraternité » et n'étaient autre que des « obituaires ». Dès le XVI° siècle — c'est, semble-t-il, la date qu'il faut donner à l'institution de la fraternité — des paroissiens généreux et croyants avaient fait, en mourant, des fondations perpétuelles de messes appelées *obits*, et ils avaient voulu que des prêtres originaires de la paroisse, conjointement avec les recteurs et les vicaires, en acquittássent les charges. Ces prêtres assistaient, en outre, aux divers offices du dimanche, remplissaient, s'il était nécessaire, les fonctions de diacre et de sous-diacre, mais ils quittaient la ville dès qu'un bénéfice mieux renté leur était dévolu. S'ils étaient souvent plusieurs à remplir les volontés des donateurs, il arrivait parfois aussi qu'un seul obituaire habitait la paroisse.

Les biens de la fraternité, que les lois révolutionnaires aliénèrent comme « propriété nationale », étaient administrés par un syndic. Le Pouillé de 1730 (1) fixait leur revenu, impôt déduit, à 36 livres, 16 sols, 4 deniers.

Fabriques

L'administration des deniers du culte appartenait aux marguilliers dont les fonctions électives duraient une année complète. On ne pouvait la confier, d'après les ordonnances synodales, qu'à « des gens de bonne vie et mœurs », payant un certain minimum de taille « pour être rendus responsables de leur gestion ». Une fois élus les marguilliers prêtaient serment entre les mains du recteur et entraient aussitôt en fonctions. Quand ils « sortaient de charge », quinze jours avant la nouvelle élection, ils devaient rendre leurs comptes en présence du curé et des consuls.

Daumazan avait deux fabriques : la fabrique du maître-autel et celle du Saint Sacrement.

La principale était celle du maître-autel. Suivant un usage immémorial, la nomination de ses marguilliers avait lieu le dimanche qui suivait l'élection des échevins, et c'étaient les échevins « sortant de charge » qui étaient presque toujours

(1) **Barrière-Flavy**, *op. cit.*, p. 90.

reçus. A la veille de la Révolution, cette fabrique possédait deux vignes dont le revenu annuel pouvait se porter à 18 livres ; elle avait, en outre une petite rente de 12 livres 10 sols.

La fabrique du Saint-Sacrement, beaucoup plus récente du reste, n'avait que 5 livres de revenu.

L'une et l'autre, secourues par les dons des fidèles, pourvoyaient aux différents luminaires de l'église et aux menus frais du culte. (1).

Confrérie de N.-D. du Rosaire

Dans les derniers jours de 1628, les habitants de Daumazan exposaient à l'évêque de Rieux que « meus et poussés de zèle » envers la Très Sainte Vierge, ils avaient fait réparer « par délibération générale » une des chapelles de l'église pour y établir, avec sa permission, la confrérie de N.-D. du Rosaire. En sollicitant l'autorisation épiscopale, ils s'engageaient « à l'entretenir d'ornements et autres choses nécessaires » aux dépens de la communauté et sans que le recteur y fût « en rien contribuable ». L'évêque ayant accordé l'approbation, le R. P. François Fortins, prieur du Couvent des F. Prêcheurs de Rieux, érigea la confrérie, le dimanche 28 janvier 1629. Cent quatre-vingt-sept membres se firent agréger dès le premier jour. Voici, au hasard, quelques noms évocateurs d'une société tout à fait disparue : Élie Tassin, recteur ; Pierre Daspet, prêtre ; François de Pélissier et François Aressy, vicaires ; Pierre Méras, docteur et avocat en la Cour ; Jean Devans, notaire royal ; Jean Blaja, marchand, et Raymond Grilhon, consuls ; noble Antoine de Pélissier, bourgeois de Toulouse ; Gaspard de Pélissier, docteur et avocat en la Cour ; François Lucando, docteur et avocat ; Jean-Jacques Salles, docteur en médecine ; Jean Dehoey, notaire royal et syndic de la ville ; Antoine Daspet, notaire royal ; Guillaume-Pierre Grannivert, cottisateur général du pays de Foix. A côté des noms les plus humbles figuraient ainsi les dignitaires du clergé et les représentants de la bourgeoisie locale. Le seigneur et l'artisan, le docteur et l'écolier se trouvaient confondus dans la même association, priaient ensemble et reconnaissaient l'autorité du même chef. C'était la vraie frater-

____

(1) Rapport adressé à l'administration du district de Mirepoix par la municipalité de Daumazan, le 3 juillet 1790. (Reg. des délib., *ad annum*).

nité dans une égalité volontaire. Durant près de deux siècles, la prospérité de la vie paroissiale dépendit en grande partie de cette pieuse confrérie (1).

Pénitents Noirs

La confrérie des Pénitents Noirs fut établie à Daumazan dans le mois de septembre 1730, sous le rectorat de Dominique de Maisonneuve. Sur la demande des principaux habitants, le conseil de la dévote compagnie de Toulouse avait fourni tous les renseignements nécessaires à l'érection. Le 29 août, une délégation envoyée à Rieux rapportait l'autorisation des vicaires généraux.

Les statuts du pape Grégoire III du 5 décembre 1578 servirent de base à un règlement qui fut élaboré de concert avec le conseil de la confrérie toulousaine. Il était évident que les confrères Daumazanais ne pouvaient observer tous les articles de la constitution pontificale et des ménagements sur certains points s'imposaient. La communauté et le recteur accordèrent « pour les offices et exercices » l'usage de la chapelle du Rosaire et de la tribune de l'église paroissiale.

Placée sous le vocable de la Sainte Croix dont on possédait de temps immémorial une relique, la compagnie eut pour premier recteur l'abbé de Quayrats, déjà membre de l'association de Toulouse. C'est lui qui, avec l'approbation de tous les confrères, sollicita, le 9 septembre, l'agrégation à la compagnie toulousaine « dans le but de participer aux prières, privilèges et indulgences concédés par les Souverains Pontifes » (2).

Jusqu'aux mauvais jours révolutionnaires la confrérie se recruta aisément parmi la bourgeoisie et le peuple, vacquant régulièrement à ses pieux exercices. Il était vraiment édifiant de voir tous les notables de la ville porter sans fausse honte et avec un admirable esprit de foi les instruments de la Passion, pieds nus sur la neige ou dans la boue du chemin. C'était le plus éloquent sermon sur les souffrances du Sauveur...

Un décret de la Législative du 18 août 1792 supprima toute espèce de confréries et par conséquent les compagnies de

(1 Registre de la confrérie. — Elle fut rétablie par M. Audoubert en vertu du diplôme du 20 novembre 1821 et réorganisée par M. Gauzence, le 20 mars 1864, à l'occasion de la mission

(2) Cet historique est composé d'après un « extrait des registres des délibérations de la Compagnie de MM. les Pénitents Noirs de Toulouse ». Document personnel, daté du 9 septembre 1730.

Pénitents. Sous la Restauration, en 1828, les survivants de l'ancienne association essayèrent de la rétablir, mais, soit par défaut d'entente, soit en raison du petit nombre d'adhérents, il ne fut pas donné suite au projet.

Ecole

Aussi loin que les documents conservés nous permettent de remonter, c'est-à-dire dès la fin du XVI° siècle, la paroisse était dotée d'une école, où les enfants de toute condition recevaient une instruction primaire appropriée à leurs besoins. Nous n'avons pas trouvé trace de fondations en sa faveur : l'école fut donc, dès l'origine, une création de la municipalité.

Un maître unique la régissait. Gagé par la communauté, le régent était choisi, comme de juste, par les consuls et le syndic de la ville. On ne le recrutait pas exclusivement sur place, il arrivait d'un peu partout, des paroisses voisines : de Montesquieu, de Rieux, et quelquefois de localités éloignées : de Quillan, de Caussés (diocèse de Béziers). Il appartenait aux conditions les plus variées, à la classe des étudiants universitaires, à l'état ecclésiastique surtout. Des clercs, des sous-diacres, des prêtres de la fraternité et des vicaires occupèrent le plus souvent la charge de régent.

On ne demandait au candidat titulaire d'autres titres qu'une honorabilité notoire ; celui « d'ecclésiastique », de « bachelier ez droits » était une preuve suffisante de capacité. L'évêque de Rieux donnait l'approbation requise, et le maître devait exercer sa fonction sous la surveillance et le contrôle du curé et des consuls.

Ses gages fixes étaient peu élevés : 100 livres dans le cours du XVII° siècle, 120, 150 et même 200 sur la fin du XVIII°. Pendant la Révolution, le traitement fut porté à 250 et 300 livres. L'école était donc gratuite. En dehors des heures de classe, les écoliers pouvaient demander des répétitions supplémentaires, mais dans ce cas, le maître percevait un léger casuel. Il n'était chargé que d'apprendre la lecture, l'écriture et les règles d'arithmétique, d'instruire les enfants du catéchisme diocésain et de les conduire à la messe de paroisse. Les classes du matin commençaient, en été, à 6 heures jusqu'à 8 et en hiver, à 8 heures jusqu'à 10 ; le soir, durant toute l'année on entrait à 1 heure et l'on sortait à 3. Sur la fin du XVIII° siècle cependant, on adopta l'horaire actuel.

Une salle de la « maison de ville » servait d'école.

En 1781, l'intendant de la province avait prescrit l'établissement d'une régente. On ne dut pas trouver de sujet capable pour cette fonction, car les délibérations municipales sont, jusqu'à la Révolution, muettes sur l'enseignement spécial aux jeunes filles. Sous l'ancien régime l'école resta donc mixte (1).

Assistance

Notre ville avait, au XVIIe siècle, un hôpital. Pour quelle raison le pouvoir local se désintéressait-il de l'entretien de l'immeuble, je ne saurais le dire. Mais quand l'évêque visita la paroisse, les 28 et 29 octobre 1721, il n'en restait que les murailles et le couvert. A cette époque encore les biens des pauvres, administrés par le curé, avaient un rendement des plus maigres ; le procès-verbal porte qu'ils rapportaient vingt-cinq livres à peine (2). C'était un budget insuffisant pour une population de 950 habitants. Les quarante livres que l'évêque de Rieux remettait chaque année en qualité de fruit-prenant trouvaient vite un emploi. Il convient de dire qu'en temps de « disette » on ne fit jamais vainement appel à ses largesses. Son économe remit 250 livres en 1783 (3), 120 en 1786 et 1787 (4) ; l'honoraire du prédicateur de l'avent et du carême fut plus d'une fois aussi réservé à l'assistance. En cela comme en tout, l'autorité ecclésiastique s'efforçait toujours de remplir son devoir.

Esprit de dévotion d'autrefois

On peut dire que dans le cours du Moyen-Age et des temps modernes la foi de nos ancêtres ne se démentit jamais. Des sentiments religieux animaient la population Daumazanaise, non point toujours pour contraindre les individus à une conduite exemplaire, mais pour leur imposer des pratiques extérieures qui contribuent puissamment à donner une valeur morale à l'homme. L'histoire locale constate des manifestations religieuses et permet, par l'exposé simultané des actes personnels ou collectifs, de formuler des appréciations. Nos pères étaient donc profondément religieux.

(1) Reg. des délibérations mun. de Daumazan, *passim*.
(2) Décap, *op. cit.*, p. 17.
(3) Délib. mun. du 30 mars 1783, p. 451.
(4) Délib. mun. du 6 mai 1787, p. 613.

Tout événement heureux ou malheureux était pour eux prétexte à prières, à processions : la peur de la peste, l'appréhension de mauvaises récoltes, le désir de voir tomber la pluie ou cesser une épidémie, un orage, produisaient les mêmes effets. Les principaux paroissiens et les consuls étaient confrères du Rosaire, membres de la compagnie des Pénitents ; les échevins assistaient officiellement, en chaperon, à certaines messes solennelles, ils avaient leur banc spécial à l'église. Lors de la Réforme les adhérents aux idées nouvelles furent très peu nombreux ; d'Audou s'empara bien de la ville dans un moment d'affolement et de peur, mais on se ressaisit peu de mois après, on chassa ses douze soldats et on reconquit la liberté (1). En pleine Terreur, alors que les ruines s'accumulaient partout et qu'il fallait du courage pour rester fidèle à l'Église, le 10 février 1791, l'agent national de la commune écrivait aux représentants du district que la population, sans être « superstitieuse », paraissait « *tenir à la religion catholique* » (2). Si, comme on dit, noblesse oblige, chacun de nous ne doit-il pas garder précieusement et développer jalousement cet héritage de la foi et des traditions des ancêtres ?

*
* *

Il n'entrait pas dans le cadre forcément restreint d'une notice de circonstance de toucher, à plus forte raison, de traiter *in-extenso* tous les points de notre passé local. Je me propose, si la Providence m'en laisse les loisirs, de reprendre cette étude et de lui donner les développements et les précisions qu'elle comporte. Puissiez-vous, en attendant, trouver quelque intérêt et quelque profit à lire ces trop modestes pages ! L'histoire de la petite patrie plait toujours, qu'elle qu'en soit la forme et l'étendue, pourvu quelle soit écrite et lue avec amour...

---

(1) Cf. de Lescazes : *Le Mémorial historique*, et l'abbé J. Lestrade : *Les Huguenots dans le diocèse de Rieux*. Paris, *Champion*, 1904, *passim*.

(2) Délib. mun., *ad annum*.

TABLEAU DES CURÉS DE LA PAROISSE

DU XVIIᵉ SIÈCLE A NOS JOURS (1)

....-1630 Elie Tassin.

1630-1649 Pierre Cochet (2).

1650-1660 Bernard Boussac.

1661-1666 Simon Boussac.

1667-1673 Antoine Rigail, † le 22 avril 1673.

1673-1690 Gabriel Boussac, † le 27 septembre 1690.

1690-1715 Guillaume Pinos, † le 8 mai 1715.

1715-1734 Dominique Maisonneuve.

1734-1775 Pierre Junceria, † le 12 décembre 1775.

1776-1809 Martin Destampes, † le 30 mars 1809.

1809-1820 Jean-Pierre Souquet, † le 29 janvier 1820.

1820-1851 Joseph Audoubert, † le 22 avril 1856 à La Bastide-de-Besplas.

1851-1889 Jules Gauzence, † le 30 mars 1892.

1889-1905 Noël Sérié, † le 5 mars 1905.

1905-.... Louis-Barthélemy Blazy.

---

(1) Présentement le manque de documents ne nous permet pas de remonter plus haut. Nous savons simplement que Vital de Valle était recteur en 1293 et Jean de Moravilla en 1366.

(2) Il était en même temps vicaire général et official de l'évêché de Rieux.

www.ingramcontent.com/pod-product-compliance
Ingram Content Group UK Ltd.
Pitfield, Milton Keynes, MK11 3LW, UK
UKHW031717170726
13836UKWH00001B/290